BEI GRIN MACHT SICH IHR
WISSEN BEZAHLT

- Wir veröffentlichen Ihre Hausarbeit,
  Bachelor- und Masterarbeit

- Ihr eigenes eBook und Buch -
  weltweit in allen wichtigen Shops

- Verdienen Sie an jedem Verkauf

Jetzt bei www.GRIN.com hochladen
und kostenlos publizieren

Trainingsplan zum Muskelaufbau und Reduktion von Körperfett mit X-RM-Test

Kiara Schmidt-Maury

Bibliografische Information der Deutschen Nationalbibliothek:

Die Deutsche Nationalbibliothek verzeichnet diese Publikation in der Deutschen Nationalbibliografie; detaillierte bibliografische Daten sind im Internet über http://dnb.d-nb.de abrufbar.

ISBN: 9783346323934
Dieses Buch ist auch als E-Book erhältlich.

© GRIN Publishing GmbH
Nymphenburger Straße 86
80636 München

Druck und Bindung: Books on Demand GmbH, Norderstedt Germany
Gedruckt auf säurefreiem Papier aus verantwortungsvollen Quellen

Das Buch bei GRIN: https://www.grin.com/document/962463

Deutsche Hochschule für

Prävention und Gesundheitsmanagement

Hermann Neuberger Sportschule 3.

66123 Saarbrücken

Einsendeaufgabe

Fachmodul:	Trainingslehre 1
Studiengang:	Fitnessökonomie
Datum **Präsenzphase**:	26.08 – 29.08.19
Name, Vorname:	Schmidt-Maury, Kiara
Studienort:	**Hamburg**
Semester:	**Wintersemester 2018**

Inhaltsverzeichnis

1 Diagnose

1.1 Allgemeine und biometrische Daten

Tab. 1: Allgemeine und biometrische Daten Trainingsperson (eigene Darstellung)

Alter	20 Jahre
Geschlecht	Weiblich
Körpergröße	1,79 Meter
Körpergewicht	75 Kilogramm
Trainingsmotive	- Fettabbau - Muskelaufbau - Prävention von gesundheitlichen Problemen
Berufliche Tätigkeit	Studentin, Barkeeperin
Frühere sportliche Aktivitäten	- Reiten 5. – 9. Lebensjahr → 2-3 Mal reiten in der Woche - Fußball 11. - 13. Lebensjahr → 3 Mal die Woche Training - Kickboxen 16. - 18 Lebensjahr → 3 – 4 Mal die Woche Training, darunter 2 mal Cardio und 2 mal Sparring
Aktuelle sportliche Aktivitäten	- Kraftsport im Fitnessstudio seit 2 ½ Jahren → 5 Mal die Woche Training mit Trainingssystem
Verfügungsrahmen	3 Mal die Woche 90 Minuten
Spezielle Ziele	- Taillenumfang von 75cm auf 70cm verkleinern
Blutdruck Blutdruckbewertung	123mmHg zu 87mmHg Der Blutdruck ist im optimalem Bereich, siehe Tabelle der Blutdruckwerte: Werte von „Blutdruckdaten.de"

	Systolisch mmHg	Diastolisch mmHg
Optimal	< 120	< 80
Normal	< 130	< 85
Hochnormal	130 – 139	85 - 89
Hypertonie Stufe 1	140 – 159	90 – 99
Hypertonie Stufe 2	160 – 179	100 – 109
Hypertonie Stufe 3	> 180	> 110

Allgemeiner Gesundheitszustand	Die Testperson hat weder orthopädische, noch internistische Probleme, befindet sich nicht in ärztlicher Behandlung und nimmt keine Medikamente ein. Auch sonst gibt es keine gesundheitlichen Einschränkungen.

Tab. 2: Allgemeiner Gesundheitszustand (eigene Darstellung)

Zustandsparameter	Status
Orthopädische Probleme	Nein
Internistische Probleme	Nein
Ärztliche Behandlung	Nein
Einnahme von Medikamenten	Nein

➔ Die Trainingsperson ist aus medizinischer Sicht voll belastbar und hat trainierbar.

1.2 Krafttestung

1.2.1 Auswahl des Testverfahrens

Bei der Auswahl des Testverfahrens wurde sich für die X-RM Testung (Mehrwiederholungskrafttest) entschieden, sie wird genauer auch als ILB-Methode bezeichnet. Bei dem sogenannten X-RM Test wird eine bestimmte Wiederholungszahl festgelegt, mit einem maximalen Gewicht, welches die Testperson bewegen kann. Dieser Test wird bei allen Übungen in Folge durchgeführt, welche auf dem Trainingsplan stehen.

Dadurch ist dieser Test sehr anstrengend und herausfordernd für den Körper der Testperson.

Unsere Testperson ist eine junge Frau im Alter von 20 Jahren und sie die meiste Zeit ihres Lebens sportlich aktiv. Den Kraftsport betreibt sie seit 2 ½ Jahren und das mit einem konsequenten Trainingssystem. Sie kennt sich also mit den Grundlagen des Kraftsportes aus und trainiert regelmäßig in der Woche mit freien Geräten und mit geführten Maschinen. Sie ist körperlich in sehr guter Verfassung und aufgrund der aufgeführten Punkte kann man sie als fortgeschrittene Sportlerin bezeichnen. Der X-RM Test wurde ausgewählt aufgrund seiner guten Übertragbarkeit auf das Training auch im Alltag. Es muss für jede Übung nur noch das passende maximal Gewicht ermittelt werden. Da die Wiederholungszahlen vorgegeben sind, kann man die Trainingsintensität am Ende ableiten. Da unsere Testperson in sehr guter körperlicher Verfassung ist und dieser Test auch auf den Trainingsalltag übertragbar ist, wurde sich für diese Methode entschieden.

1.2.2 Beschreibung des Testablaufes

Bevor der Test gestartet werden kann und die Testperson sich aufwärmt, muss festgelegt werden in welchem Intensitätsbereich die Testperson trainieren soll. Entweder im Kraftausdauerbereich mit 15-30 Wiederholungen, im Hypertrophiebereich mit 8-15 Wiederholungen oder im Maximalkraftbereich mit 5-8 Wiederholungen. Der erste Mesozyklus wird im Kraftausdauerbereich stattfinden, deshalb wird der Test auch mit 15 Wiederholungen durchgeführt.

Um die Testperson gut auf den Krafttest vorzubereiten, wird ein Warm-Up gemacht. Dadurch sinkt das Verletzungsrisiko und die Körpertemperatur wird angehoben. Durch das steigern der Körpertemperatur werden die Muskeln besser durchblutet und mit ausreichend Nährstoffen versorgt. Es werden so viele Muskelgruppen wie möglich erwärmt, da der Krafttest alle Muskelgruppen in Folge an einem Tag beansprucht. Die Testperson geht aufgrund der aufgeführten Punkte für 5-10 Minuten auf den Crosstrainer, danach folgen ein paar Aufwärmsetze für die großen Muskelgruppen, um das Verletzungsrisiko sehr weit unten zu halten.

Nach dem Warm-Up, folgt der Krafttest. Um das maximale Gewicht für 15 Wiederholungen herauszufinden, werden maximal 3 Testsätze pro Übung durchgeführt.

Begonnen wird mit der Übung Beinpresse. Die Testperson kennt das Gerät und kann sich ihre Sitzposition selbst einstellen. Das erste Testgewicht kann mit dem Trainer abgestimmt werden und basiert auf den Trainingserfahrungen der Testperson. Das maximal zu bewegende Gewicht für 15 Wiederholungen sollte nach maximal 3 Testsätzen festgelegt worden sein. Die Bewegungsgeschwindigkeit sollte bei 2 Sekunden in der exzentrischen Phase, 0 Sekunden am Umkehrpunkt und 2 Sekunden in der konzentrischen Phase liegen. (2/0/2 TUT „time under tension")

Um den Test erfolgreich abzuschließen folgen die restlichen 7 Übungen. Diese sollten natürlich unter den gleichen Versuchsparametern durchgeführt werden, um für alle Übungen das maximal zu bewegende Gewicht für 15 Wiederholungen herauszufinden.

1.2.3 Testergebnisse und Schlussfolgerung

Tab. 3: Testsätze, Testgewichte und Endergebnis (eigene Darstellung)

Übung	Testsatz 1	Testsatz 2	Testsatz 3	Endergebnis
Beinpresse 50° schräg	80kg	90kg	87,5kg	85kg
Kniebeuge mit LH	40kg	50kg	-	50kg
Latzug zur Brust	30kg	35kg	40kg	40kg
Rudern stehend mit LH	40kg	45kg	-	45kg
Schulterdrücken mit KH	10kg	-	-	10kg
Facepulls am Kabelturm	35kg	40kg	42,5 kg	42,5kg
Russian Twist mit KH	5kg	7kg	-	7kg

Die Testperson hat den X-RM Test an allen Übungen durchgeführt. Damit ist die Grundlage für die Trainingsplanung und die Zielerreichung gegeben. Um bei Trainingsplänen immer wieder neue Reize setzen zu können und unterschiedliche Ziele zu erreichen, kann der X-RM Test gut verwendet werden, denn somit können verschiedene Intensitätsstufen berechnet werden. Die Intensitätsstufen sind abhängig von den Zielen der Trainierenden. Jedoch ist der Krafttest nicht darauf ausgelegt Norm- und Referenzwerte

zu berechnen, denn jeder Körper ist anders zusammengesetzt und niemals komplett gleich. Heißt das ein Leistungsvergleich bei diesem Test beinahe unmöglich ist.

2 Zielsetzung

2.1.1 Ziele des Trainierenden

Tab. 4: Ziele des Trainierenden (eigene Darstellung)

Ziel	Inhalt	Zeit
Taillenumfang	Taillenumfang von 75cm auf 70cm verkleinern	½ Jahr
Beinpresse	Gewicht von 120kg auf 140kg steigern	½ Jahr
Körperfett	Körperfettanteil von 27% auf 22%	1 Jahr

2.1.2 Erklärung der Ziele

Die Testperson ist eine 20-Jährige junge Frau, die schon 30kg abgenommen hat. Sie möchte ihr Äußeres Erscheinungsbild noch weiter formen und trainierter aussehen. Um den Körper weiterhin zu formen, möchte sie noch 5% Körperfett verlieren (von 27% auf 22%), jedoch sollen weiterhin Muskeln aufgebaut werden. Des Weiteren möchte sie eine schlankere Taille und diese um 5cm verkleinern innerhalb eines halben Jahres.

Ein kleineres Ziel ist es das Gewicht bei der Beinpresse von 120kg auf 140kg zu steigern und dies innerhalb eines halben Jahres, sodass die saubere Technik beibehalten werden kann.

3   Makrozyklusplanung

3.1.1   Tabellarische Makrozyklusplanung

Tab. 5: Makrozyklusplanung, deduktiver Ansatz nach der ILB-Methode (eigene Darstellung)

	Mesozyklus 1	Mesozyklus 2	Mesozyklus 3	Mesozyklus 4
Zyklusdauer	6 Wochen	6 Wochen	8 Wochen	6 Wochen
Trainingsziel	Kraftausdauer	Hypertrophie	Hypertrophie	Maximalkraft
Trainingseinheiten / Woche	3	3	3	3
Organisationsform	GK/Station	GK/Station	GK/Station	GK/Station
Übungen / Muskelgruppe	1-2	1-2	1-2	1-2
Sätze / Übungen	2-3	2-3	2-3	2-3
Satzpausen	-	60 Sekunden	60 Sekunden	90 Sekunden
Wiederholungszahlen	15	8-12	6-8	3-6
Intensität	70-90% ILB	70-90% ILB	70-90% ILB	70-90% ILB
Bewegungstempo	TUT 2/0/2	TUT 2/0/2	TUT 2/0/2	TUT 2/0/2

3.1.2   Belastungsparameter und Organisationsform

Die Testperson kann 3x die Woche trainieren, aufgrund dessen wurde sich für Ganzkörpertraining entschieden. Durch dieses Training bekommt die Testperson ausreichend Regeneration (48-72 Stunden pro Muskelgruppen).

Es muss mit mindestens 50% der individuellen Maximalkraft trainiert werden, um den Muskel zu reizen. Bei unserer Testperson mit 70-90% Intensität, um im Kraftausdauerbereich zu trainieren.

Der nächste Trainingsreiz sollte im Optimalfall direkt nach der Regeneration erfolgen, da die Muskeln dann noch Leistungsfähiger sind, als in der letzten Trainingseinheit

(Weineck, 2004). Ein Split-Training würde somit suboptimal sein, da jede Muskelgruppe nur einmal in der Woche beansprucht werden würde.

Das Stationstraining wurde aufgrund der relativ hohen Beanspruchung des Muskels ausgewählt. Durch die serielle Beanspruchung wird der Muskel in kurzen Abständen gut austrainiert.

3.1.3 Periodisierung

Als Periodisierung wurde sich, wie üblich bei der ILB-Methode, für eine Block- bzw. lineare Periodisierung entschieden. Eine Periodisierung im Krafttraining ist immer sinnvoll, als ein Training ohne Periodisierung. „Durch die systematische Methodenvariation – Periodisierung – sollen einerseits bessere Erholungen zwischen den einzelnen Belastungsreizen erzielt, Leistungsstagnationen in Form von Anpassungsplateaus vermieden und andererseits langfristig größere Kraftzuwächse generiert sowie Übertrainingszustände vermieden werden" (Fröhlich, Müller, Schmidtbleicher & Emrich, 2009, S.307). Der Makrozyklusplan für die Testperson besteht aus 4 Mesozyklen die wie folgt aufgebaut sind:

Der erste Mesozyklusplan befasst sich mit dem Kraftausdauertraining, um die Testperson bestmöglich auf die kommende Belastung im nächsten Mesozyklus (Hypertrophie) vorzubereiten. Außerdem ist es wichtig die Ausführung für die späteren Mesozyklen zu beherrschen, um das Verletzungsrisiko zu senken. Es ist deshalb angebracht die Ausführung im Kraftausdauertraining zu perfektionieren, denn mit höheren Wiederholungszahlen fällt es leichter und der passiv und aktive Bewegungsapparat sind auf die Belastung vorbereitet.

4 Mesozyklusplanung

4.1.1 Mesozyklus

Tab. 6: Tabellarische Darstellung eines Mesozyklus (eigene Darstellung)

Mesozyklus 2	
Zyklusdauer	6 Wochen
Trainingsziel	Hypertrophie
Trainingseinheiten / Woche	4
Organisationsform	GK
Übungen / Muskelgruppe	1-2
Sätze / Übungen	2-3
Satzpausen	60 Sekunden
Wiederholungszahlen	8-12
Intensität	70-90% ILB
Bewegungstempo	TUT 2/0/2

4.1.2 Übungsauswahl

Tab. 7: Übungen des Mesozyklus 2 mit dem Ziel Hypertrophie (eigene Darstellung)

Übungen	Wiederholungszahl	Gewicht Woche 1	Gewicht Woche 2	Gewicht Woche 3	Gewicht Woche 4	Gewicht Woche 5	Gewicht Woche 6
Beinpresse 50° schräg	12						
Kniebeuge mit LH	12						
Latzug zur Brust	12						
Rudern stehend mit LH	12						
Schulterdrücken mit KH	12						

Facepulls am Kabelturm	12							
Russian Twist mit KH	12							

4.1.3   Begründung der Übungsauswahl

Im Trainingsplan befinden sich sowohl freie Übungen als auch Maschinengeführte Übungen. Der Fokus liegt jedoch auf freien Übungen, weil unsere Testperson schon Erfahrungen im Krafttraining hat und deshalb schon ein gewisses Grundwissen besitzt.

Freie Übungen sind koordinativ anspruchsvoller und alltagsnah, was für unsere geübte Trainingsperson, nochmal neue Reize setzen kann. Die intramuskuläre Koordination kann dadurch weiter geschult und verbessert werden. Es wurde sich auf mehrgelenkige Übungen fokussiert, denn diese fördern das Zusammenspiel von Agonist und Synergist und somit auch die intramuskuläre Koordination.

Der Trainingsplan beginnt mit der größten Muskelgruppe, der Beinmuskulatur, daraufhin folgen die kleineren Muskelgruppen. Dies führt dazu das der Trainingsreiz optimal ausgenutzt werden kann, denn diese Vorgehensweise soll einer frühzeitigen Ermüdung vorbeugen (Bompa & Carrera, 2005, S.69).

Die Beine werden mit zwei Übungen trainiert, als erstes mit der Beinpresse und danach mit Kniebeugen. Die Kniebeugen werden mit der Langhantel ausgeführt, um die Übung ein wenig schwieriger zu gestalten.

Als nächstes folgen Übungen für den Oberkörper, da beginnen wir mit dem Rücken. Für den Rücken wurde sich für den Latzug zur Brust entschieden und das Rudern im Stehen mit der Langhantel. Beim Latzug werden folgende Muskeln primär trainiert: Der große Kapuzenmuskel, primär der untere Anteil und der breite Rückenmuskel. Beim Rudern im Stehen mit der Langhantel trainierst du fast den ganzen Rücken: Den breiten Rückenmuskel, den Trapezmuskel (hauptsächlich den oberen Anteil), den Rückenstrecker, aber auch teilweise deine Bauchmuskulatur, um deine Wirbelsäule während der Ruderbewegung zu stablisieren.

Ergänzend zum Oberkörper werden noch 3 weitere Übungen durchgeführt.

Die Schultern haben teilweise bei den Zugbewegungen schon mitgewirkt, werden jedoch nochmal einzeln trainiert. Deshalb wurde Schulterdrücken mit KH ausgewählt, weil dies eine vertikale Bewegung ist, die im Alltag kaum durchgeführt wird und somit Dysbalancen entgegenwirken kann.

Die vorletzte Übung trainiert die oft sehr unterschätzen Muskeln in der hinteren Schulter: Externen Rotatoren (Infraspinatus und Teres Minor), außerdem den hinteren Kopf des Schultermuskels (Deltoideus). Die Facepulls am Kabelturm sind außerdem eine gute Übung, um seine Schulterblätter besser zu spüren. Die Schulterblätter sollten nach jeder Wiederholung mit nach vorne kommen und vor der nächsten Wiederholung nach hnten gezogen werden. Somit trainiert man gezielt die Schulterblätter bzw. die skapuläre Retraktion.

Die letzte Übung ist für den Bauch gedacht, der sogenannte Russian Twist. Mit dieser Übung werden die seitlichen schrägen Bauchmuskeln trainiert. Die Übung kann mit angehobenen Beinen oder mit den Beinen auf dem Boden erfolgen. Je nachdem wie hoch der Schwierigkeitsgrad sein soll.

5 Literaturrecherche

Tab. 8: Studie 1 Effekte des Krafttrainings bei Rückenbeschwerden

Wer hat die Studie durchgeführt?	Stephan, A., Goebel, S., Schmidtbleicher, D.
Wann wurde die Studie publiziert?	2011
Mit welchen Versuchspersonen wurde die Studie durchgeführt?	- 74 Teilnehmer in 54 Einrichtungen - Aus Kontrollgruppe: 16 Teilnehmer in 16 Einrichtungen - Aus Trainingsgruppe: 58 Teilnehmer in 45 Einrichtungen - Befähigung zum selbstständigen Krafttraining nach Einschät-zung des Arztes - Chronifizierungsgrad 1 oder 2 - Rückenschmerzen seit mehr als 12 Wochen oder min. zwei rezidivierenden Schmerzschübe pro Jahgr seit mindestens 2 Jahren
Wie sah der Versuchsaufbau der Studie aus?	- Dauer der Trainingsperiode: 24,5 Wochen - Trainingseinheiten in der Woche: 1,6 mal

	- Übungsauswahl mit einem Ganzkörperprogramm aus 10 apparativen Übungen - Große Muskelgruppen vor kleinen Muskelgruppen - ca. 60% der dynamischen Maximalkraft (1-Wiederholung-Maximum) - 4 Sekunden konzentrisch, 2 Sekunden isometrisch, 4 Sekunden exzentrisch - Spannungsdauer: Trainingseinheit 1-20: 60-120 Sekunden, ab Trainingseinheit 21: 60-90 Sekunden - Muskelerschöpfung: Trainingseinheit 1-20: submaximale Wiederholungszahl bis Wiederholungsmaximum ab Trainingseinheit 21: Wiederholungsmaximum bis Punkt des momentanen Muskelversagens - Bewegungsumfang: vollständige individuell (schmerzfrei) mögliche Gelenkbewegung - Erholungszeit zwischen den Trainingseinheiten min. 48h Bei der Kontrollgruppe: - keine Trainingsmaßnahmen
Welche relevanten Ergebnisse lieferten die Studien?	In der Trainingsgruppe: - 20 Personen der Trainingsgruppe schmerzfrei, davon hatten zuvor 9 mäßig starke, 11 leichte/ sehr leichte Schmerzen In der Kontrollgruppe: - 6 schmerzfrei, davon hatten zuvor 3 sehr leichte bzw. mäßige Schmerzen
Welche Schlussfolgerungen lieferten die Studien?	Um das Schmerzniveau von Personen mit chronischen Rückenschmerzen im Anfangsstadium zu senken, eignet sich ein Ganzkörperkrafttraining mit einer Trainingsfrequenz von 6-mal im Monat. Außerdem soll das Beeinträchtigungserleben

	reduziert werden, die körperliche Inaktivität überwindet werden und Kraft aufgebaut werden. Der Kraftgewinn ist auf eine bessere Muskelfunktion zurückzuführen.

Tab. 9: Studie 2 Effekte des Krafttrainings bei Rückenbeschwerden

Wer hat die Studie durchgeführt?	Köstermeyer, G., Abu-Omar, K., Rütten, A.
Wann wurde die Studie publiziert?	2005
Mit welchen Versuchspersonen wurde die Studie durchgeführt?	- 1610 Angestellte und Arbeiter von 13 mittelständischen Unternehmen (53 % Männer, 48 % Frauen; Mit-telwert Alter 40 Jahre; Standardabweichung 11 Jahre) mit überwiegend leichter körperlicher Tätigkeit teilnahmen. - Aufgrund unvollständiger Unterlagen werden lediglich 855 Probanden mit einbezogen
Wie sah der Versuchsaufbau der Studie aus?	- Fragebogen zur Beschwerdeanamnese mit 27 Items - statische Kraftmessung des langen Rückenstreckers bei Extension (sitzend mit einer Flexion von 20 Grad) - es werden Rückenbeschwerden-schmerzen im Lenden- und Nackenbereich erfasst - Rückenbeschwerden und -schmerzen bei Arbeits- und Alltagsbelastungen, körperlicher Aktivität und Fitness werden ebenfalls erfasst - die biometrischen Daten werden ebenfalls erhoben, dazu gehören: Geschlecht, Alter, Größe und Gewicht - Erstellung eines logischen Regressionsmodell mit den signifikanten Prädikatoren für die

	„Auftretungshäufigkeit von Beschwerden im Lendenbereich und im Nackenbereich", sowie für die „Schmerzstärke im Lendenbereich und Nackenbereich" - Bestimmung der Ergebniswahrscheinlichkeit von Beschwerden und Schmerzen über Odds Ratios
Welche relevanten Ergebnisse lieferten die Studien?	Risikofaktoren im Lendenbereich: - frühere Lendenschmerzepisoden - häufiges bücken, sitzen, stehen - schwache Rückenkraft - Arbeiten unter Zeitdruck - Weibliches Geschlecht - viele Tage mit intensiver körperlicher Aktivität Im Nackenbereich: - ergänzender Risikofaktor ist das Rauchen
Welche Schlussfolgerungen lieferten die Studien?	Sport oder körperliche Aktivität stellt per se keinen Schutz vor Rückenbeschwerden darstellen. Gezieltes Rückengerechtes körperliches Training ist demgegenüber durchaus eine sinnvolle Maßnahme zur Reduktion des Risikos für Rückenbeschwerden. Bei entsprechender Dosierung kann ein solches Training die allgemeine Fitness bzw. die Rückenkraft steigern und so das Risiko mindern. Voraussetzung hierfür ist allerdings, dass keine akuten Rückenschmerzen vorliegen und bei der Auswahl der Sportart bzw. der körperlichen Aktivität unbedingt auf die Auswahl rücken-schonender Übungen und Bewegungsformen geachtet wird.

6 Literaturverzeichnis

Bompa, T. O. & Carrera, M. C. (2005). *Periodization training for sports. Sciencebased strength and conditioning plans for 20 sports* (2. Ed.) Champaign. IL: Human Kinetics.

Fröhlich M.,. Müller T., Schmidtbleicher D., Emrich E. (2009). Outcome-Effekte ver schiedener Periodisierungsmodelle im Krafttraining. *Deutsche Zeitschrift für Sportmedizin, 60* (10), 307-314.

Köstermeyer, G., Abu-Omar, K. & Rütten, A. (2005). Rückenkraft, Fitness und körper- liche Aktivität - Risiko oder Schutz vor Rückenbeschwerden? Ergebnisse einer Querschnittsuntersuchung. *Deutsche Zeitschrift für Sportmedizin, 56 (2),* 45-49.

Stephan, A., Goebel, S. & Schmidtbleicher, D. (2011). Effekte maschinengestützten Krafttrainings in der Behandlung chronischen Rückenschmerzes. *Deutsche Zeitschrift für Sportmedizin,* 62 (3), 69-74.

Weineck, J. (2004). *Optimales Training: Leistungsphysiologische Trainingsleh re* (14. Aufl.). Balingen: Splitta Verlag.

7 Tabellenverzeichnis

7.1 Tabellenverzeichnis